मुलाक़ातें

आलोकधन्वा

राजकमल पेपरबैक्स

राजकमल पेपरबैक्स में
पहला संस्करण : 2023

राजकमल पेपरबैक्स : उत्कृष्ट साहित्य के जनसुलभ संस्करण

राजकमल प्रकाशन प्रा.लि.
1-बी, नेताजी सुभाष मार्ग, दरियागंज
नई दिल्ली-110 002
द्वारा प्रकाशित

शाखाएँ : अशोक राजपथ, साइंस कॉलेज के सामने, पटना-800 006
पहली मंजिल, दरबारी बिल्डिंग, महात्मा गांधी मार्ग, प्रयागराज-211 001
1, अनमोल सोराबजी संतुक लेन, धोबी तलाव, मरीन लाइंस, मुम्बई-400 002

वेबसाइट : www.rajkamalprakashan.com
ई-मेल : info@rajkamalprakashan.com

यश प्रिंटोग्राफिक्स
नोएडा-201 301 (उत्तर प्रदेश)
द्वारा मुद्रित

मूल्य : ₹199

MULAQATEIN
Poems by Alokdhanva

ISBN : 978-81-19159-30-7

आलोकधन्वा

आलोकधन्वा का जन्म 2 जुलाई, 1948 में बिहार के मुंगेर जनपद के बेलबिहमा में हुआ। उनकी पहली कविता 'जनता का आदमी' 1972 में 'वाम' पत्रिका में प्रकाशित हुई थी। उसी वर्ष 'फ़िलहाल' में 'गोली दागो पोस्टर' कविता छपी। ये दोनों कविताएँ देश के वामपन्थी सांस्कृतिक आन्दोलन की प्रमुख कविताएँ बनीं और आलोकधन्वा बिहार, पश्चिम बंगाल, आन्ध्र प्रदेश और पंजाब के लेखक संगठनों से गहरे जुड़े। 1973 में पंजाबी के शहीद कवि अवतार सिंह 'पाश' के गाँव तलवंडी सलेम के नज़दीक सांस्कृतिक अभियान के लिए गिरफ़्तारी और जल्द ही रिहाई।

वे बीते चार-पाँच दशकों से देश के विभिन्न हिस्सों में सांस्कृतिक कार्यकर्ता के रूप में सक्रिय रहे हैं। उन्होंने छोटा नागपुर के औद्योगिक शहर जमशेदपुर में अध्ययन मंडलियों का संचालन किया और रंगकर्म और साहित्य पर कई राष्ट्रीय संस्थानों और विश्वविद्यालयों में अतिथि व्याख्याता के रूप में भागीदारी की। वे प्रगतिशील लेखक संघ, जनवादी लेखक संघ और जन संस्कृति मंच के आयोजनों में भी सक्रिय रहे हैं। महात्मा गांधी अन्तरराष्ट्रीय विश्वविद्यालय, वर्धा में राइटर-इन-रेज़िडेंस रहे। उन्होंने 2014 से 2017 तक 'बिहार संगीत नाटक अकादमी' के अध्यक्ष के रूप में अपना बहुमूल्य योगदान दिया।

उनका पहला कविता-संग्रह 'दुनिया रोज़ बनती है' 1998 में राजकमल प्रकाशन से प्रकाशित हुआ था, जिसके अब तक कई संस्करण आ चुके हैं। 'कपड़े के जूते', 'पतंग', 'भागी हुई लड़कियाँ', 'ब्रूनो की बेटियाँ' और 'सफ़ेद रात' जैसी लम्बी कविताएँ हिन्दी और दूसरी भाषाओं में व्यापक विमर्श का विषय बनीं; 'मुलाक़ातें' उनका दूसरा कविता-संग्रह है।

उनकी कविताएँ अंग्रेज़ी और सभी भारतीय भाषाओं में अनूदित हुई हैं। प्रोफ़ेसर डेनियल वाइसबोर्ट और गिरधर राठी के सम्पादन में साहित्य अकादेमी द्वारा प्रकाशित हिन्दी कविताओं के अंग्रेज़ी संकलन 'सर्वाइवल' में उनकी कविताएँ संकलित हैं। इसके अलावा विख्यात अमेरिकी पत्रिका 'क्रिटिकल इनक्वायरी' में भी उनकी कविताओं के अनुवाद प्रकाशित हुए हैं।

उन्हें पहल सम्मान, नागार्जुन सम्मान, फ़िराक़ गोरखपुरी सम्मान, गिरिजा कुमार माथुर सम्मान, भवानीप्रसाद मिश्र स्मृति सम्मान, प्रकाश जैन स्मृति सम्मान, बनारसी प्रसाद भोजपुरी सम्मान, राहुल सम्मान और बिहार राष्ट्रभाषा परिषद का विशेष साहित्य सम्मान प्राप्त हुए हैं।

आलोकधन्वा पटना में रहते हैं।

वीरेन डंगवाल
के लिए

क्रम

मुलाक़ातें

अचानक तुम आ जाओ

इतनी रेलें चलती हैं
भारत में
कभी
कहीं से भी आ सकती हो
मेरे पास

कुछ दिन रहना इस घर में
जो उतना ही तुम्हारा भी है
तुम्हें देखने की प्यास है गहरी
तुम्हें सुनने की

कुछ दिन रहना
जैसे तुम गई नहीं कहीं

मेरे पास समय कम
होता जा रहा है
मेरी प्यारी दोस्त

घनी आबादी का देश मेरा
कितनी औरतें लौटती हैं
शाम होते ही
अपने-अपने घर
कई बार सचमुच लगता है
तुम उनमें ही कहीं
आ रही हो
वही दुबली देह
बारीक चारख़ाने की
सूती साड़ी
कन्धे से झूलता
झालर वाला झोला

और पैरों में चप्पलें
मैं कहता—जूते पहनो खिलाड़ियों वाले
भाग-दौड़ में भरोसे के लायक़

तुम्हें भी अपने काम में
ज़्यादा मन लगेगा
मुझसे फिर एक बार मिलकर
लौटने पर

दुख-सुख तो
आते-जाते रहेंगे
सब कुछ पार्थिव है यहाँ
लेकिन मुलाक़ातें नहीं हैं
पार्थिव
इनकी ताज़गी
रहेगी यहीं

हवा में!
इनसे बनती हैं नई जगहें
एक बार और मिलने के बाद भी
एक बार और मिलने की इच्छा
पृथ्वी पर कभी ख़त्म नहीं होगी!

बलराज साहनी

'गरम हवा' में आख़िरी बार देखा
बलराज साहनी को
जिसे ख़ुद बलराज साहनी नहीं देख पाए

जब मैंने पढ़ी किताब
भीष्म साहनी की लिखी
'मेरा भाई बलराज'
तो यह जाना कि
हमारे इस महान अभिनेता के मन में
कितना अवसाद था

वे शान्तिनिकेतन में
प्रोफ़ेसर भी रहे
और गांधी के
वर्धा आश्रम में भी रहे
गांधी के कहने पर

उन्होंने बीबीसी लन्दन
में भी काम किया

लेकिन उनके मन की अशान्ति
उनके रास्तों को बदलती रही

जब वे बम्बई के पृथ्वी थियेटर में आए
इप्टा के नाटकों में काम करने
जहाँ उनकी मुलाक़ात हुई
कई बड़े अभिनेताओं और पटकथा लेखकों
और शायरों से

'दो बीघा ज़मीन' में
काम करते हुए
बलराज साहनी ने देखा
फ़िल्मों और समाज के किरदारों

के जटिल रिश्तों को
धीरे-धीरे वे
अपने भीतर की दुनिया से
बाहर बन रहे नए समाज
के बीच आने-जाने लगे

वे अक्सर
पाकिस्तान में मौजूद
अपने घर के बारे में
सोचते थे
और एक बार गए भी वहाँ
लेकिन लौटकर
बम्बई आना ही था

अपने आख़िरी दिनों में वे
फ़िल्मों के आर्क लाइट से बचते

और ज़्यादा से ज़्यादा अपना समय
जुहू के तट पर
अकेले घूमते हुए बिताते

हज़ारों लोग हैं
सीमा के दोनों ओर
जो गहरे तनावों के बीच
जीते हैं
और एक
बहुत धीमी मौत
मरते हुए जीते हैं

श्याम बेनेगल की फ़िल्म
'मम्मो' में
बार-बार भागती है
और छुपती है मम्मो

वह भारत में ही रहना चाहती है
लेकिन अन्ततः
भारत की पुलिस उसे पकड़ लेती है
और वह धकेल दी जाती है
पाकिस्तान के नक़्शे में

भारत के समाज में
और पाकिस्तान के समाज में
कितने-कितने लोग हैं
जिन्होंने आज तक क़बूल नहीं किया
इस विभाजन को

कहते हैं कि
एक बार जब
सत्यजित राय और ऋत्विक घटक
हवाई जहाज़ से

कलकत्ता से ढाका जा रहे थे
हवाई जहाज़ की खिड़की से नीचे देखा
ऋत्विक घटक ने
बहती हुई पद्मा को
डबडबाई आँखों और भारी गले से
उन्होंने कहा पास बैठे
सत्यजित राय से
माणिक वह देखो
बह रही है
हमारी पद्मा
दोनों आगे कुछ बोल नहीं पाए
सिर्फ़ देखा दोनों ने
बहती पद्मा को
बंगाल के विभाजन को
कभी क़बूल नहीं किया दोनों ने

स्वाधीनता की लड़ाई से
हमारी क़ौम ने जो हासिल किया
उसे विभाजन में कितना खोया
यह हिसाब
बेहद तकलीफ़देह है
जो आज भी जारी है।

प्यार

पुराने टूटे ट्रकों के पीछे मैंने किया प्यार
कई बार तो उनमें घुसकर
लतरों से भरे कबाड़ में जगह निकालते
शाम को अपना परदा बनाते हुए
अक्सर ही बिना झूठ
और बिना चाँद के

दूर था अवध का शहर लखनऊ
और रेख़्ते से भीगी
उसकी दिलकश ज़बान फ़िलहाल कोई एक देश नहीं
गोधूलि में पहले तारे के सिवा
पीठ के पीछे जो शहर था
वह शहर था भी और नहीं भी था
बनते-बनते उसे
अभी बनना था

औरतों और बच्चों से ताज़ादम बस्तियों
की गलियाँ ही गलियाँ
इनसे बाहर निकलते
छिपते-छिपाते
ऊँचाई पर बने आधी दीवार वाले फ़ुटपाथों
के आसमान को गले लगाते
हम पहुँचते सिनेमाघर के भीतर
अमर मैटिनी शो के अँधेरे में
मैंने प्यार किया

हमारी पढ़ाई थी थोड़ी
हमारे जीने के साधन थे बेहद कठोर
फ़ुरसत नहीं थी इतनी कि बहस करते
ख़ाक होने तक जाते भटकने
घनी आबादी में पले हमारे शरीर में
इतना कोलाहल था इतनी चाहत थी

कि वह जो एक सूना डर सताना शुरू करता है
प्रेम के साथ-साथ
हम उससे अनजान ही रहे लगभग

जैसे शादी ही थी हमारी मंज़िल
हमारा ज़रिया आगे के सफ़र का

आख़िर शादी की बात पक्की हो गई
फिर तो जब भी काम से छुट्टी होती
साइकिल पर आगे बिठाकर
अपनी होने वाली बेग़म को
मैं निकल जाता था दूर
शहर के बाहर जाने वाली किसी
छायादार सड़क पर
साइकिल चलाते हुए
आँख चुराते हुए

कभी-कभी दोनों एक ही साथ
सीटी बजाते हुए किया प्यार

घर के लोग भी जल्दी ही
सहमत हो गए
मेहनत की रोटी खाने वाले हमारे परिवार
नहीं थे इतने जटिल इतने पत्थरदिल
कि हमें बार-बार मरते हुए देखते
हम नहीं थे उनके लिए ज़रा भी अजनबी
हमारा निर्दोष इनसान होना
उनके ख़ून में भी मौजूद था

तो एक दिन हमारी शादी हुई राज़ी-ख़ुशी
घर-गृहस्थी बसाते हुए
मुहल्ले-भर के परिवारों में आते-जाते हुए
हम अभी भी कर रहे हैं प्यार

आसपास के रंगरूट आशिक़ों का
पता मालूम नहीं करना पड़ता
वे तो महीना नहीं बीतता
कि हो जाते हैं मशहूर
उनकी मदद के लिए मैं रहता हूँ तैयार
मोटर के चक्के बदलकर
इंजन में तेल भरकर।

गाय और बछड़ा

एक भूरी गाय
अपने बछड़े के साथ

बछड़ा क़रीब एक दिन का होगा
घास के मैदान में
जो धूप से भरा है

बछड़ा भी भूरा ही है
लेकिन उसका नन्हा
गीला मुख
ज़रा सफ़ेद

उसका पूरा शरीर ही गीला है
गाय उसे जीभ से चाट रही है

गाय थकी हुई है ज़रूर
प्रसव की पीड़ा से बाहर आई है
फिर भी
बछड़े को अपनी काली आँखों से
निहारती जाती है
और उसे चाटती जा रही है

बछड़े की आँखें उसकी माँ
से भी ज़्यादा काली हैं
अभी दुनिया की धूल से अछूतीं

बछड़ा खड़ा होने में लगा है
लेकिन
कमल के नाल जैसी कोमल
उसकी टाँगें
क्यों भला ले पाएँगी उसका भार!

वह आगे के पैरों से ज़ोर लगाता है
उसके घुटने भी मुड़ रहे हैं
पहली-पहली बार
ज़रा-सा उठने में गिरता है
कई बार घास पर
गाय और चरवाहा
दोनों उसे देखते हैं

सृष्टि के सबक़ हैं अपार
जिन्हें इस बछड़े को भी सीखना होगा
अभी तो वह आया ही है

मेरी शुभकामना
बछड़ा और उसकी माँ
दोनों की उम्र लम्बी हो

चरवाहा बछड़े को
अपनी गोद में लेकर
जा रहा है झोपड़ी में
गाय भी पीछे-पीछे दौड़ती
जा रही है।

आम के बाग़

आम के फले हुए पेड़ों
        के बाग़ में कब जाऊँगा?

मुझे पता है कि
अवध, दीघा और मालदा में
घने बाग़ हैं आम के
लेकिन अब कितने और
        कहाँ-कहाँ
अक्सर तो उनके उजड़ने की
ख़बरें आती रहती हैं।

बचपन की रेल-यात्रा में
जगह-जगह दिखाई देते थे
आम के बाग़
बीसवीं सदी में

भागलपुर से नाथनगर के
        बीच रेल उन दिनों जाती थी
आम के बाग़ों के बीच
दिन में गुज़रो
तब भी
रेल के डब्बे भर जाते
उनकी अँधेरी हरियाली
        और ख़ुशबू से

हरा और दूधिया मालदह
दशहरी, सफ़ेदा
बागपत का रटौल
डंटी के पास लाली वाले
कपूर की गन्ध के बीजू आम

गूदेदार आम अलग

खाने के लिए
और रस से भरे चूसने के लिए
अलग
ठंडे पानी में भिगोकर

आम खाने और चूसने
के स्वाद से भरे हैं
मेरे भी मन-प्राण

हरी धरती से अभिन्न होने में
हज़ार-हज़ार चीज़ें
हाथ से तोड़कर खाने की सीधे
और आग पर पकाकर भी

यह जो धरती है
मिट्टी की

जिसके ज़रा नीचे नमी
शुरू होने लगती है खोदते ही!

यह जो धरती
मेढक और झींगुर
        के घर जिसके भीतर
मेढक और झींगुर की
आवाज़ों से रात में गूँजने वाली

यह जो धारण किये हुए है
सुदूर जन्म से ही मुझे
हमने भी इसे सँवारा है!

यह भी उतनी ही असुरक्षित
जितना हम मनुष्य इन दिनों

आम जैसे रसीले फल के लिए
भाषा कम पड़ रही है
मेरे पास

भारतवासी होने का सौभाग्य
तो आम से भी बनता है!

नन्ही बुलबुल के तराने

एक नन्ही बुलबुल
गा रही है
इन घने गोल पेड़ों में
कहीं छुप-छुपकर
गा रही है रह-रहकर

पल-दो पल के लिए
अचानक चुप हो जाती है
तब और भी व्याकुलता
जगाती है
तरानों के बीच उसका मौन
कितना सुनाई देता है।

इन घने पेड़ों में वह
भीतर ही भीतर

छोटी-छोटी उड़ानें भरती है

घनी टहनियों के
हरे पत्तों से
ख़ूब हरे पत्तों के
झीने अँधेरे में
एक ज़रा कड़े पत्ते पर
वह टिक लेती है
जहाँ-जहाँ पत्ते हिलते हैं
तराने उस ओर से आते हैं

वह तबियत से गा रही है
अपने नये कंठ से
सुर को गीला करते हुए
अपनी चोंच को पूरा खोलकर

जितना हम आदमी उसे
सुनते हैं
आसपास के पेड़ों के पक्षी
उसे सुनते हैं ज़्यादा

नन्हीं बुलबुल जब सुनती है
साथ के पक्षियों को गाते
तब तो और भी मिठास
घोलती है अपने नये सुर में

यह जो हो रहा है
इस विजन में पक्षीगान
मुझ यायावर को
अनायास ही श्रोता बनाते हुए

मैं भी गुनगुनाने को होता हूँ

पुरानी धुनें
वे भोर के डूबते तारों
जैसे गीत!

चेन्नई में कोयल

चेन्नई में कोयल बोल रही है
जबकि
मई का महीना आया हुआ है
समुद्र के किनारे बसे इस शहर में

कोयल बोल रही है अपनी बोली
क्या हिन्दी
और क्या तमिल
उतने ही मीठे बोल
जैसे अवध की अमराई में!

कोयल उस ऋतु को बचा
                    रही है
जिसे हम कम जानते हैं उससे!

ओस

शहर के बाहर का
यह इलाक़ा

ज़्यादा जुती हुई ज़मीन
खेती की

मिट्टी की क्यारियाँ हैं
दूर तक
इन क्यारियों में बीज
हाथ से बोए गए हैं

कुछ देर पहले ज़रा-ज़रा
पानी का छिड़काव किया गया है!

इन क्यारियों की मिट्टी नम है

खुले में दूर से ही दिखाई
दे रही शाम आ रही है

कई रातों की ओस मदद करेगी
बीज से अंकुर फूटने में!

फूलों से भरी डाल

दुनिया से मेरे जाने की बात
सामने आ रही है
ठंडी सादगी से

यह सब इसलिए
कि शरीर मेरा थोड़ा हिल गया है
मैं तैयार तो क़तई नहीं हूँ
अभी मेरी उम्र ही क्या है!

इस उम्र में तो लोग
घोड़ों की सवारी सीखते हैं
तैरकर नदी पार करते हैं
पानी से भरा मशक
खींच लेते हैं कुएँ से बाहर!

इस उम्र में तो लोग

किसी नेक और कोमल स्त्री
के पीछे-पीछे रुसवाई उठाते हैं
फूलों से भरी डाल
झकझोर डालते हैं
उसके ऊपर!

बारिश

बारिश एक राह है
स्त्री तक जाने की

बरसता हुआ पानी
बहता है
जीवित और मृत मनुष्यों के बीच

बारिश
एक तरह की रात है

एक सुदूर और बाहरी चीज़
इतने लम्बे समय के बाद
भी
शरीर से ज़्यादा
दिमाग़ भीगता है

कई बार
घर-बाहर एक होने लगता है!

बड़े जानवर
खड़े-खड़े भीगते हैं देर तक
आषाढ़ में
आसमान के नीचे
आदिम दिनों का कम्पन
जगाते हैं

बारिश की आवाज़ में
शामिल है मेरी भी आवाज़!

सवाल ज़्यादा हैं

पुराने शहर उड़ना
चाहते हैं
लेकिन पंख उनके डूबते हैं
अक्सर ख़ून के कीचड़ में!

मैं अभी भी
उनके चौराहों पर कभी
भाषण देता हूँ
जैसा कि मेरा काम रहा
वर्षों से
लेकिन मेरी अपनी ही आवाज़
अब
अजनबी लगती है

मैं अपने भीतर घिरता जा रहा हूँ

सवाल ज़्यादा हैं
और बात करने वाला
कोई-कोई ही मिलता है
हार बड़ी है मनुष्य होने की
फिर भी इतना सामान्य क्यों है जीवन?

रात

रात
रात
तारों-भरी रात

मीर के सिरहाने
आहिस्ता बोलने की रात।

उड़ानें

कवि मरते हैं
जैसे पक्षी मरते हैं
गोधूलि में ओझल होते हुए!

सिर्फ़ उड़ानें बची
रह जाती हैं

दुनिया में आते ही
क्यों हैं
जहाँ इन्तज़ार बहुत
और साथ कम

स्त्रियाँ जब पुकारती हैं
अपने बच्चों को
उनकी याद आती है!

क्या एक ऐसी
दुनिया आ रही है
जहाँ कवि और पक्षी
फिर आएँगे ही नहीं!

श्रृंगार

तुम भीगी रेत पर
इस तरह चलती हो
अपनी पिंडलियों से ऊपर
साड़ी उठाकर
जैसे पानी में चल रही हो!

क्या तुम जान-बूझकर ऐसा
कर रही हो
क्या तुम श्रृंगार को
फिर से बसाना चाहती हो?

रेशमा

रेशमा हमारी क़ौम को
गाती हैं
किसी एक मुल्क को नहीं

जब वे गाती हैं
गंगा से सिन्धु तक
लहरें उठती हैं

वे कहाँ ले जाती हैं
किन अधूरी,
असफल प्रेम-कथाओं
की वेदनाओं में

वे ऐसे जिस्म को
जगाती हैं
जो सदियों पीछे छूट गए

ख़ाक से उठाती हैं
आँसुओं और कलियों से

वे ऐसी उदासी
और कशमकश में डालती हैं
मन को वीराना भी करती हैं

कई बार समझ में नहीं
आता
दुनिया छूटने लगती है पीछे
कुछ करते नहीं बनता

कई बार
क़ौमों और मुल्कों से भी
बाहर ले जाती हैं
क्या वे फिर से मनुष्य को

बंजारा बनाना चाहती
हैं?

किनकी ज़रूरत है
वह अशान्त प्रेम
जिसे वह गाती हैं!

मैं सुनता हूँ उन्हें
बार-बार

सुनता क्या हूँ
लौटता हूँ उनकी ओर
बार-बार
जो एक बार है
वह बदलता जाता है

उनकी आवाज़
ज़रा भीगी हुई है
वे क़रीब बुलाती हैं
हम जो रहते हैं
दूर-दूर!

भूल पाने की लड़ाई

उसे भूलने की लड़ाई
लड़ता रहता हूँ
यह लड़ाई भी
दूसरी कठिन लड़ाइयों जैसी है

दुर्गम पथ जाते हैं उस ओर

उसके साथ गुज़ारे
दिनों के भीतर से
उठती आती है जो प्रतिध्वनि
साथ-साथ जाएगी आजीवन

इस रास्ते पर कोई
बाहरी मदद पहुँच नहीं सकती

उसकी आकस्मिक वापसी की छायाएँ

लम्बी होती जाती हैं
चाँद-तारों के नीचे

अभिशप्त और निर्जन हों जैसे
एक भुलाई जा रही स्त्री के प्यार
के सारे प्रसंग

उसके वे सभी रंग
जिनमें वह बेसुध
होती थी मेरे साथ
लगातार बिखरते रहते हैं
जैसे पहली बार
आज भी उसी तरह

मैं नहीं उन लोगों में
जो भुला पाते हैं प्यार की गई स्त्री को

और चैन से रहते हैं

उन दिनों मैं
एक अख़बार में कॉलम लिखता था
देर रात गए लिखता रहता था
मेज़ पर वह कब की सो चुकी होती
अगर वह कभी अचानक जग जाती
मुझे लिखने नहीं देती
सेहत की बात करते हुए
मुझे खींच लेती बिस्तर में
रोशनी गुल करते हुए

आधी नींद में वह बोलती रहती कुछ
कोई आधा वाक्य
कोई आधा शब्द
उसकी आवाज़ धीमी होती जाती

और हम सो जाते

सुबह जब मैं जगता
तो पाता कि
वह मुझे निहार रही है
मैं कहता
तुम मुझे इस तरह क्या देखती हो
इतनी सुबह
देखा तो है रोज़
वह कहती
तुम मुझसे ज़्यादा सुन्दर हो
मैं कहता
यह भी कोई बात हुई

भोर से नम
मेरे छोटे घर में

वह काम करती हुई
किसी ओट में जाती
कभी सामने पड़ जाती

वह जितने दिन मेरे साथ रही
उससे ज़्यादा दिन हो गए
उसे गए!

बच्चे के सोने की कविता

एक नन्हा बच्चा
अपनी माँ के स्तनों को
छोटी उँगलियों से पकड़कर
दूध पी रहा है

उस बच्चे के केश
घने और लम्बी लटों वाले हैं
ठीक मेरी लटों की तरह

आधी नींद तो बच्चे को
दूध पीते-पीते ही आने लगी
और आधी नींद तब आई
तारों के पथ से
जब उसकी माँ ने उसे
अपनी जाँघों को जोड़कर
उस पर उसे पीठ के बल लिटा दिया

फिर उसकी मालिश शुरू की
तेल से

कितने छोटे-छोटे हाथ पैर
अभी ढंग से सीधे भी नहीं
छोटा मुखमंडल
हाथी के बच्चों जैसी आँखें
नींद और मालिश के अतीव सुख से बेसुध।

प्रताप अख़बार

कभी-कभी ही
देख पाता हूँ मैं
एक पल के लिए
अपलक!
प्रताप अख़बार

कब की डूब गई वह जगह
गहरी रातों में
जहाँ गणेश शंकर विद्यार्थी
को मारा दंगाइयों ने

बहुत पीछे छूट गया
प्रताप का दफ़्तर
जहाँ भगत सिंह और उनके
साथी आते थे मिलने
उस ज़माने के तरुण

स्वाधीनता सेनानी

कि कब होंगे उतने
ख़ूबसूरत हिन्दुस्तानी
उतने मानवीय अभिमानी

भारत गूँजता था
जब वह गाते हुए जाते थे
फाँसी के तख़्ते की ओर

वतन का मतलब उस समय
इतना बड़ा था
काले पानी के रास्तों पर जो चले
और लौटे हमारे बीच फिर
जीवित और गरिमामय

क्या हमारे जीवन में
किसी काम से
रौशन होते हैं हमारे शहीद!

सूर्यास्त

बहुत देर तक सूर्यास्त
लम्बी गोधूलि
देर शाम होने तक गोधूलि

एक प्राचीन देश का सुदूर
झुकता हुआ
प्रशान्त अन्तरिक्ष
मैं बहुत क़रीब तक जाता हूँ

एक महाजाति की स्मृति
मैं बार-बार वापस आऊँगा
दुनिया में मेरे काम
अधूरे पड़े हैं
जैसा कि समय है
कितनी तरह से हमें

निस्संग किया जा रहा है

बहुत बड़ा लाल सूरज
कितना धीरे-धीरे डूबता
विशाल पक्षियों के दुर्लभ
नीड़ उस ओर!

युवा भारत का स्वागत

युवा नागरिकों से
भारत का अहसास
ज़्यादा होता है

जिस ओर भी उठती है
मेरी निगाह
सड़कें, रेलें, बसें,
चायख़ाने और फ़ुटपाथ
लड़के और लड़कियों से
भरे हुए
वे बातें करते रहते हैं
कई भाषाओं में बोलते हैं
कई तरह के संवाद

मैं सुनता हूँ
मैं देखता हूँ देर तक

घर से बाहर निकलने पर
पहले से अधिक अच्छा
लगता है

कितना लम्बा गलियारा है
क्रूरताओं का
जिसे पार करते हुए ये युवा
पहुँच रहे हैं पढ़ाई-लिखाई के बीच

दाख़िले के लिए लम्बी क़तारें लगी हैं
विश्वविद्यालयों में

यह कोई साधारण बात नहीं है
आज के समय में
वे जीवन को जारी रख रहे हैं
एक असम्भव होते जा रहे

गणराज्य के विचार
उनसे विचलित हैं

उनकी सड़कें दुनिया-भर में
घूमती हैं
वे कहीं भी बसने के लिए
तैयार हैं

यह सिर्फ़ लालच नहीं है
और न उन्माद
आप पुस्तकालयों में जाइए
और देखिए
इतनी भीड़ युवा पाठकों की

मैं डालता हूँ उनकी भीड़ में
अपने को

मुझे उनसे बार-बार घिर जाना
राहत देता है

आखिर मैं क्या कर
पाऊँगा उनके बिना?

बचपन

क्या किसी को पता है
कि कौन-सा बचपन
सिर्फ़ उसका बचपन है
उतने बच्चों के साथ
मैं भी एक बच्चा

क्या किसी को पता है
कि बचपन की बेला बीत गई
वे जो पीले नीबू के रंग के सूर्यास्त
जो नानी को याद करो
तो मामी भी वहीं बैठी मिलेगी
और दोनों के
नकबेसर का रंग भी पीला

जो गली से बाहर निकलो
तो खेत ही खेत

किसी में छुपा लेने वाली फ़सल
कहीं ख़ाली ही ख़ाली

अगर बाएँ हाथ की पगडंडियाँ
दौड़ लो तो
जैतूनी रंग का तालाब
और तालाब के घाट की सीढ़ियाँ
उतरते हुए यह महसूस होता
कि खेत ऊँचाई पर हैं
और तालाब का पानी
छूने के लिए आना पड़ता नीचे
बचपन की प्रतिध्वनियाँ
आती रहीं हर उम्र में
आती रहती हैं

किशोर उम्र की वासनाएँ भी

शरीर में कैसी अनुगूँज
बारिश के बुलबुले
और लड़कियों की चमकती आँखें

वह जो छुप-छुप कर
एकान्त ढूँढ़ने के लिए छुपना
वह जो एकान्त में बनी गरमाहट

हम किशोरों को
उन किशोरियों ने सिखाया
कि खाने-पीने और
लिखने-पढ़ने से अलग भी
एक नैसर्गिक सुख है
जो आजीवन भटकाएगा

उन दिनों दिन हमेशा छोटे

और रातें तो और भी छोटी
पेड़ों के बीच
हमारी पाठशाला
पढ़ने के लिए हमें बुलाती
कभी हम वहाँ सिर्फ़
खेलने के लिए भी जाते
उसके पास जो
मैदान था
याद करने पर आज भी
बिना कोशिश के याद आता है।

भारत की मौजूदगी में

निर्भया
जिस रास्ते से गई
भारत की मौजूदगी में
उससे अधिक बर्बर रास्ता
क्या हो सकता है

हत्यारे हमारे बीच से ही
आते हैं

गांधी का हत्यारा
हमारे बीच ही छुप कर
रह रहा था
और मारा भी कैसे समय उन्हें
गांधी जब प्रार्थना करने
जा रहे थे

कोई भी समाज मरता है
भीतर के हमलों से।

मैं भी आऊँगा

मैं भी आऊँगा
क़दम-दो क़दम ही सही
रास्ता बनाते
जिस तरह
हेनरी मूर आए
द्वितीय विश्वयुद्ध के समय
गोद में बच्चा लिये धरती पर चल रही
स्त्रियों के साथ-साथ
अपने बच्चों को
स्तनपान कराती स्त्रियों के बीच

दुनिया कभी भी
एक सामान्य जगह नहीं थी।

नेल्सन मंडेला

जब नेल्सन मंडेला ने
जेल जाने से पहले
बीस अप्रैल उन्नीस सौ चौंसठ को
बोथा की अदालत में कहा,
महाशय, यह अफ़्रीकी जनता का संघर्ष है
जो उनकी पीड़ा और उनके अनुभवों से प्रेरित है
यह जीने के अधिकार का संघर्ष है
हमने एक ऐसे लोकतांत्रिक और स्वाधीन समाज का
स्वप्न देखा है
जिसमें सभी लोग
भाइचारे और बराबरी के अवसर के साथ जिएँगे
यह एक ऐसा आदर्श है जिसके लिए
मैं जी रहा हूँ
और इसे हासिल करना चाहता हूँ
लेकिन अगर ज़रूरत पड़ी महाशय—
तो इस आदर्श के लिए मैं मरने के लिए तैयार हूँ

उनके शब्द
पूरी दुनिया में सुने गए
और जब उन्होंने बहुत लम्बी
सत्ताईस वर्षों की क़ैद काटी
बोथा की जेल में
फिर भी रहे गर्वोन्त
रोशनदिमाग़

दुनिया उन्हें हफ़्ते-भर के लिए भी
नहीं भूली
इन वषों में
उनकी तस्वीरें बनाई गईं
उनके लिए कविताएँ लिखी गईं
लन्दन में भी
भारत-चीन-सोवियतों में भी
ब्राजील, चिली और क्यूबा तक
अमेरिका की घाटियों और समुद्रों पर

उनके लिए
विशाल आर्केस्ट्रा के साथ
गीत गाए गए

युवाओं ने कभी
ऐसी क़मीज़ें पहनीं
जिन पर नेल्सन मंडेला और
चे ग्वेवारा के चेहरे थे
विश्वविद्यालय में और जनसंगठनों
के भीतर
लगातार बहसें जारी रहीं
जिनमें शामिल हुए
सोने की खान के मज़दूर भी
और गन्ने के किसान भी

मंडेला तो जेल में थे

लेकिन लड़ाई
हम दुनिया-भर में लड़ रहे थे
भारत के छोटे शहरों में भी

मंडेला को मालूम था
कि पूरी दुनिया ही उनकी रिहाई में
शामिल हो रही है
यह विश्वव्यापी अभियान
प्रेम और सरोकार भी
उनकी ताक़त बने

जब वे जेल से बाहर आए
जोहानिसबर्ग
कई-कई दिनों तक
दुनिया-भर की राजधानियों में
गली-कूचों और चौराहों में

उत्सव मनाते रहे लोग
रंगभेद के ख़िलाफ़ यह बड़ी जीत थी

लेकिन मंडेला जब
मंच पर आए
एक नये मनुष्य की
वाणी भी सुनाई दी
और एक नया उत्कर्ष
जब उन्होंने कहा
कि गोरों से कोई भी भेदभाव
अपराध माना जाएगा

न्याय की महान कला
मनुष्य मात्र की गरिमा से जुड़ी है।

सहपाठी

सहपाठियों की यादें
आती रहती हैं
लेकिन उनसे मुलाक़ातें
नहीं हो पातीं
शायद ही कभी
कोई एक मिल जाता है
तो वह कई और के बारे में
ख़बर देता है

कई बार बुरे समाचार
आते हैं
बहुत से चेहरे
धुन्ध में घिर जाते हैं
फिर कभी बाहर नहीं आते

एक विशाल देश में

पैदा होना
कई शहरों में पढ़ना
रोटी के लिए कई-कई जगह
भटकना
साथ ही दुर्घटनाएँ भी लगातार
जिनकी भरपाई नहीं
अन्त नहीं
एक अराजक दौर में
अपने छात्र-जीवन की पहचान
को पूरा बचाए रखना एक बीहड़ खेल है
दुख और दरिद्रता
से म्लान पड़ती जाती स्मृति

फिर भी अगर कभी कोई मिल जाता है
तो आँखों से आँसू छलक आते हैं
कुछ भी वापस नहीं

किया जा सकता
कुछ भी दुहराया नहीं
जा सकता!

समय हमें ले चलता है ऐसे
दुखदायी रास्तों से
आगे ही आगे!

शहीद

कैसे-कैसे रास्तों पर चले वे
काले पानी के बीच
एक-एक पल ठंडी क्रूरता
को झेलते हुए

कितनी छोटी उम्र में गए
हमारे शहीद
लेकिन जीवन उन्होंने
कितना बड़ा जिया!
हमने उसका क्या किया?

ख़ून से लथपथ शहीद
जिन्होंने रास्ता रोका
हिटलर का
तोजो, मुसोलिनी और फ्रैंको का

ये कैसी मुठभेड़ें थीं
आज के यक़ीन से बाहर

वह लाल सेना के पराक्रम
का समय था
उनकी वीर गाथाओं को
पढ़कर मुझ जैसे लाखों लोग
अच्छे इनसान बने

आज की साँसत में चलते हुए
मैं बार-बार लौटता हूँ
दूसरे विश्वयुद्ध के
भीतर

मैं बहुत साफ़-साफ़
बोलता हूँ

वह विचारों का युद्ध था
बीसवीं सदी के गणराज्यों
का नेतृत्व था

गहरी रात में गुम हो गई
हमेशा के लिए वह गली
जहाँ गणेश शंकर विद्यार्थी
मारे गए

कौन जाएगा उधर
उनकी शहादत को
जीवन में शामिल
करने!
शहीदों तक जाने के
रास्ते।

कल्पना की विडम्बना

विपदाएँ हमें इस तरह घेरे
रहती हैं
कि
सृष्टि को पूरी निगाह से
कब देखा
कितना देखा
शब्द कम
और चीज़ें ज़्यादा
हम जैसे कमज़ोर कवियों की
कल्पना की विडम्बना!

चाँद में सड़कें

चाँद जब भी ऊपर उठता
हुआ उगता है
शहर में बड़े चौराहों को और भी
बड़ा करता है

और सारी जगहें जो
दिन में छुपी रहती हैं
अँधेरी गलियों
और
खिड़कियों के पास सोने
के बिस्तर
कोने की मेजें
रोशनी में
रँगी हुई पास-पास
महसूस होती हैं

चाँद में सड़कें
इस तरह बुलाती हैं
जैसे हम उन पर चलते
रहने के लिए आए हैं

हमारी कभी अगर मृत्यु
होगी
हम सब सड़क पर चलते हुए
विदा लेंगे।

हम

अगर भारत का विभाजन
नहीं होता
तो हम बेहतर कवि होते!

बार-बार बारूद से
झुलसते
क़त्लगाहों को पार करते हुए
हम विडम्बनाओं के कवि
बनकर रह गए!

हिन्दुस्तानी

भय से भरे
देश को लूटना भी
ज़्यादा आसान है।

अगर भारत का विभाजन
नहीं होता
तो हमारी क़ौम को इस तरह
अपढ़ भिखमंगों
की गन्दगी फैलाने वाली
आबादी कहकर
ज़लील नहीं किया जाता

ऑस्ट्रेलिया की किसी
गली में हमारे बच्चों को
छुरे से मार नहीं दिया जाता।

दुनिया में कहीं भी
हिन्दुस्तानी
खुलकर नहीं बोलते
जैसे लाला लाजपतराय गरजे
साइमन कमीशन के सामने

हम क्यूबा से भी नहीं सीखते
अपने मनुष्य होने का अभिमान।

यह जो दुनिया है

महान लड़ाइयाँ
जो हमने जीतीं
वर्षों लम्बी, सदियों लम्बी
जारी रहने वाली क़ुर्बानियाँ
क्या देश और क्या विदेश
शहीदों की ज़बान बोलना सीखो
क़ौमें बोलो क़ौमें
सत्य के सारे रास्ते
जिनमें किताबें भी शामिल हैं

सर उठाकर जीना
अपनी बहू-बेटियों के साथ
एक-एक क़दम आगे बढ़ने के लिए
तलवारें चलीं
लिखना-पढ़ना भी सीखा हमने
तलवारें चलाते हुए

आज़ादी का मतलब क़ायम किया
यह जो दुनिया है
किसी की मेहरबानी नहीं
हमने बनाई संसदें
हमने बनाया संविधान
यह जो भाखरा नंगल है
इतना बड़ा बाँध
हमने बनाया हमने
तिरंगा भी
जलियाँवाला बाग़ में
हमारे पुरखे क़ुर्बान हुए
हमारे साथ दौड़े कविगुरु रवीन्द्रनाथ।

सुर

मेरा साज़
बजता है
मुझमें

लेकिन
सुर
बिखरते हैं बहुत।

समुद्री रातें

समुद्री रातें
मुझे बुलाती हैं
अपने जादुई अथाह में

यह असमंजस बना रहेगा
साज़ बजाते हुए
कि मैं कौन हूँ
क्या करना था
और क्याकर गया
यह भी
कि मैं सिर्फ़ इनसान नहीं हूँ

क्या-क्या शामिल था
मेरे होने में

मैं क़तई सिर्फ़ इनसानों के लिए

नहीं रहता रहा
ऐसा ही होता तो
मैं कब का
जा चुका होता सब छोड़कर
किसी नन्हे बच्चे की ओट में।

नई सदी का दास-युग

इन दिनों
सबसे ज़्यादा हमला तो
दिमाग़ पर ही है
मुझे फ़तह नहीं कर पाया है
नई सदी का दास-युग
जबकि मैं बूढ़ा हो रहा हूँ
जल्दी-जल्दी

घायल भी हूँ
भीतर तक

फिर भी मैं भागता हूँ
उस तीतर के पीछे
जो मुझे दिख जाता है
जो मुझे ले जाता है
मेरे बचपन के उन दिनों में

ज़रा घने पेड़ों के बीच
जहाँ लगता कि जंगल है।

मृत आत्माएँ

बाज़ार के नियामक
कहते हैं
अब सुदूर कहीं नहीं है
हमने उसे भी माल बना दिया है
वहाँ जाने का टिकट काटते हैं
हम

मैं सुनता रहता हूँ
इन शेखचिल्लियों को
ये चीख़ते रहते हैं
अपने अख़बारों और चैनलों पर

ये वही लोग हैं
जिनके बारे में स्पेन के
महान शहीद लोर्का ने कहा था
कि ये लोग मरे हुए चमड़े की

आत्मा वाले हैं
रूसी भाषा के पितामह पुश्किन
और
गोगोल ने इन्हें मृत आत्माएँ कहा था।

मैं

मेरी नाव
घूमती है
तेज़ मझधार में

मैं किनारों की ओर
देखता हूँ

मेरी सारी ताक़त
पतवार पर लगी है

मैं धाराओं से बाहर
आ रहा हूँ।

जीवन

जीवन
जितना सार्वजनिक है
उससे बहुत ज़्यादा
निजी होना था

यह अहसास
तब हुआ
जब तेज़-तेज़
बूढ़ा हो रहा हूँ।

हम इस तरह हारे

ऐसा समाज बनाना था
जो हम नहीं बना पाए
जहाँ अकेले आदमी को भी
सुना जाता

बेगम अख़्तर गाती थीं
तो अवध गूँजता था

मैं जानता हूँ
मैं उन दिनों लखनऊ के
एक इलाक़े श्रृंगारनगर में
ठहरा था
मैं बिल्कुल तरुण था

लेकिन क्या अब भी

यह सम्भव है

हम से भूल कहाँ हुई
जो हम इस तरह हारे
इतनी ईमानदारी
इतने शौर्य
और इतनी गरिमा के बावजूद!

अब किसका हाथ पकड़ें

देर रात हुआ उनका निधन
देर रात कलंकित है
मृत्यु के लिए भी

कि
फिर भी नीरव पथ
आसान करते हैं
प्राणों का
दिगन्त की ओर जाना

पूरी पीठ पर फैले
आपके घने केश
आपकी ज़रा चौड़ी नाक
आपके बड़े भरे-भरे लाल ओठ
गुलाबी आभा से भरा मुख
घनी पलकें काली आँखों को

छाया से भरतीं

आप छुप गईं
तेज़ बारिश की ओट में

लखनऊ में जो बारादरी है
मैं वहाँ अब क्यों जाऊँगा
लगभग पूरी रात मोटर में बैठ
घूमते हुए

किसके साथ भोर से पहले
हिन्द महासागर के किनारे
जाऊँगा

हमारी प्रिय स्त्रियों को पता है

कि हम कवि अन्ततः
कितना निर्भर करते हैं अपनी
प्रिय स्त्रियों पर
हम जानते ही हैं

अब मैं किसके साथ फिर
अनावृत होऊँगा
और
कौन झुकेगी मेरी खुली देह पर
ऋतुओं हवाओं और नृत्य के बाहर आते
परदों के घेरे काँपते रहेंगे
दोनों के साथ-साथ
झुकने से

अब किसका हाथ पकड़े
सोफिया लारां की फ़िल्म

देखकर बाहर आएँगे

महफ़िलें तो पूरी दुनिया में
उजड़ रही हैं
लेकिन आप थीं
तो हम शाम का चिराग़
रोशन करते थे

रात तो आएगी
हमारे समुद्रों को
पार करती हुई
लाखों जोड़े पनाह लेंगे
उसके फ़व्वारों और
सितारों से भरे बाग़ में
मुहब्बतें ज़िन्दा रहेंगी

फिर भी
सिर्फ़ एक स्त्री का जाना
सृष्टि में
जिसकी भरपाई नहीं।